# HEURES SICILIENNES

Jules-Georges SAITHAM

---

# Heures

---

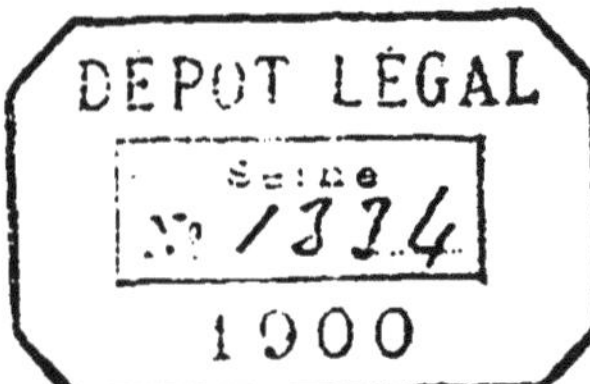


EDITION DE L'ANTHOLOGIE

*41, Galerie Vivienne*

PARIS

—

1900

---

# HEURES SICILIENNES

## I

Janvier touchait à sa fin.

Pendant les deux mois précédents, je venais de parcourir l'Italie en tous sens ; du nord au sud, de l'est à l'ouest, j'avais arpenté ces terres glorieuses et retentissantes encore du grandiose passé ; je m'étais laissé entraîner jusqu'à Naples la jolie que déjà, pris de spleen et d'ennui, je m'apprêtais à quitter pour reprendre le chemin du nord, lorsqu'un médecin yankee, trois fois retrouvé au cours de longues excursions à travers le royaume, m'accosta dans une rue de la cité napolitaine.

— Quelle chance de vous rencontrer, cher docteur ! m'écriai-je. Voilà donc enfin quelqu'un avec qui je pourrai rêver et causer. Docteur, vous me sauvez...

— Et de quoi, mon Dieu...?

— Du mal des excursions, de la « napolite aigue », compliquée d'une déception...

— Diantre, mauvaise maladie..!

— Aussi ai-je donné l'ordre de préparer mes malles, et dans deux jours au plus tard, je regagne la France...

Le docteur Clipper (c'était le nom du médecin) leva un doigt diagnostiqueur et, gravement, prononça :

— Le pire des symptômes, my dear... Spleen & C°. Voulez-vous un remède doublé d'un conseil?...

— Oh! docteur, je craindrais d'abuser... Vous voilà.., j'ai un compagnon agréable.., je suis à moitié guéri déjà...

J'éclatai de rire pour confirmer ma guérison.

— Vous riez jaune, me dit le docteur, et

vous n'échapperez point à mon conseil ni à mon ordonnance... Vous êtes plus malade que vous ne le pensez... Le spleen est un dangereux compère... Ne regagnez point la France; la saison est mauvaise là-bas... Non, prenez de préférence le chemin du sud. Croyez-moi; embarquez-vous le plus tôt possible, ici-même, et allez visiter la terre Sicilienne... Vous m'en direz des nouvelles. Palerme est toute belle. Et puis il y a le monstre Volcan.. : l'Etna..! Le Vésuve, auprès, n'est qu'un jouet, une grosse bluff...

— Y venez-vous avec moi, docteur ? interrogeai-je.

— Non. Je dois être à Boston le 10 mars, dans vingt-sept jours, afin d'opérer un bossu.., un prince! J'ai pris rendez-vous avant mon petit voyage en Europe... Impossible..! Sans quoi, veuillez-croire que je n'hésiterais pas une minute...

Et le docteur faisait scintiller devant mon esprit aguiché, les merveilles encore à peine profanées de cette Sicile où l'on ne va guère, de ce pays extraordinaire où les successifs conquérants ont laissé tant de sublimes traces de leur passage. Il fit tant et si bien que je me décidais enfin à partir le soir même pour Palerme...

Je n'eus pas à le regretter. Quelle exquise région ! Et aujourd'hui, lorsque j'y songe encore, je me demande comment tant de touristes et d'amoureux bourgeois, attirés chaque hiver par la renommée des villes lumineuses d'Italie, puissent choisir Naples comme point « terminus » de leur voyage et chanter ensuite comme dans l'Africaine :

« Tournons au nord » !

Lorsqu'ils ont vu ou gravi le Vésuve, qu'ils ont passé en revue Pompéï, Sorrente, Capri, le Pausilippe et la Chiaia, ils ont largement satisfait l'ambition que leur avait inspirée le proverbe célèbre « Voir Naples et mourir »

« Vedere Napoli i mori » !

Ils s'imaginent avoir tout vu, et puisque le proverbe les y autorise, ils peuvent mourir en paix... — Aussi s'empressent-ils de reprendre le train et de fuir vers une autre patrie.

Quels insensés, grands dieux...! Ils laissent derrière eux la plus belle et la plus curieuse région de l'Italie : L'île de soufre, de verdures et de palmes, — de roches que la forge cyclopéenne du géant Etna couronne d'un panache de fumée : La Sicile !...

Donc, le soir même de ma rencontre avec le docteur Clipper, j'avais pris le steamer qui fait la traversée de Naples à Palerme.

Le trajet en chemin de fer, paraît-il, n'est pas sans attrait, car l'itinéraire longe le lit du torrent Selé, à travers une contrée rocheuse et accidentée ; mais je préférai aux longues heures passée en railway, la douceur d'une nuit en mer, sous le ciel diamanté d'étoiles.

Je me souviendrai longtemps de cette traversée nocturne sur la mer bleue, pailletée de scintillantes lueurs. Jamais, peut-être, je ne la vis pareille à cette nuit là. Nous allions dans le silence peuplé du bruit des vagues molles, de la rumeur des vergues aux mâts sans voiles du steamer, des voix de matelots qui chantaient des mélopées.

Ce n'est qu'à une heure assez avancée de la nuit que je me résignai à gagner ma couchette ; des rêves où la réalité des heures de veille se répercutaient, bercèrent mon sommeil de musiques, de lumières harmonieuses, sous la moire transparente des belles nuits méridionales.

Au matin, je fus éveillé brusquement par un matelot coiffé du bonnet rouge des « facchini » napolitains qui me soufflait une haleine d'ail au visage : — « Si le Signor veut venir sur le pont, le soleil va se lever...! » me dit-il en un jargon mêlé de français et d'italien.

A la hâte, je m'habille et monte sur le pont.

Tous les matelots s'affairent à la manœuvre, nettoient le pont, fourbissent, frottent les planches, jettent de l'eau à pleins seaux. Deux passagères anglaises, qu'un peu d'eau a éclaboussées, sautillent comme des alouettes blessées avec des petits cris de pintades pudiques.

Du haut de la passerelle, le capitaine m'appelle et me fait signe de le rejoindre.

— « C'est moi qui vous ai fait éveiller, me dit-il. Me pardonnerez-vous en faveur du spectacle..?

— « Certes ! m'écriai-je, en lui serrant la main.

Il me fut donné alors d'assister au plus merveilleux lever de soleil qu'il soit possible de voir. Sur les ondulations de l'eau, la brise marine soufflait du large ; le disque pourpre du soleil émergeait des ondes. L'azur du ciel, très doux, semblait strié de raies bleutées, à peine argentées de grisailles à l'ouest. Enfin, comme un rideau s'écarte, relevé par des mains invisibles, les brumes matinales se fondirent et les côtes lointaines parurent, dorées de soleil.

Une heure plus tard, devant nous, Palerme la Superbe s'érigeait, toute blanche et verte sous la lumière éclatante ; le port s'étendait avec ses jetées larges, ses quais où la foule grouillait, multicolore et bruyante.

# II

# II

Sur la côte nord de la Sicile, la mer s'étend entre deux promontoires, semblable à un diadème dont les villages seraient les bijoux mais dont Palerme est la perle, — perle presque inconnue des touristes et que très peu de curiosités sottesont encore profanées.

La Sicile est une terre glorieuse que le sang de bien des races a fécondée. Naguère, les Grecs et les Phéniciens l'avaient peuplée de merveilles artistes dont subsistent encore les ruines ; les Romains et les Carthaginois, Verrès l'exacteur, et Annibal le conquérant survinrent ensuite qui déterminèrent le génie des artisans prestigieux, des savants et des artistes hélènes ; puis après les Arabes civilisateurs, les Normands, Robert Guisard,

— ignorants destructeurs d'antiques beautés — les Français légers et cruellement passionnels, ce fut le tour des fanatiques espagnols et de leur inquisition ennemie des splendeurs profanes. De tout ce qu'ils ont détruit, bâti, ciselé, doré ou brûlé pour d'autres œuvres, il reste des pierres, des fûts de colonnes brisées, des frontons rongés de mousses, des statues mutilées, et au-dessus de tout cela, il reste encore Palerme, Palerme la belle, belle comme une femme, blanche, dorée, lumineuse et embaumée ; Palerme, déesse et amoureuse, nonchalamment accoudée sur la grève Sicilienne; Palerme qui déroule le panorama merveilleux de ses terrasses fleuries, nuancées de toutes les couleurs du soleil et constellées des fleurs magiques de ce sol fertile à la végétation tropicale, où les jardins embaument, où les orangers, les citroniers, les pêchers, les amandiers, les lauriers-roses, donnent de merveilleuses floraisons, où les plantes les plus riches, peut-être, après celles de certaines contrées asiatiques et africaines, étalent leurs splendeurs comme pour faire à Palerme une parure de tous les joyaux terrestres.

Il serait difficile d'établir un parallèle entre Naples et Palerme. Naples est plus gaie, Palerme est plus sévère.

Après l'animation napolitaine, Palerme calme et nonchalante, avec ses habitants aux teints bronzés, pleins de dignité simple, Palerme si grave après l'insoucieuse Naples, aux rues retentissantes tout le jour, des chants de *Santa-Lucia*, de *Funiculi*, et autres romances analogues. Ici, jamais un marchand ambulant, — de ceux qui, à à Naples, promènent à dos de mulets ou sur des bagnoles, en des corbeilles tressées, leurs éventaires, ne vous pourchasse d'insistances énervantes, comme les « *facchini* », les cochers, mille industriels des rues napolitaines, et les paresseux « *lazzaroni* », embusqués comme des araignées au coin des rues pour guetter les étrangers et les riches seigneurs de passage.

Plus de fantaisistes oripeaux, mais des vêtements qui paraissent propres, entretenus soigneusement par des ménagères soucieuses du bien-être familial : le sicilien et la sicilienne ne manquent point d'une coquetterie un peu paysanne et fruste, pourtant réelle. L'on retrouve chez le sicilien le goût des aïeux arabes pour les nobles attitudes et l'art de se draper, dignement impassible.

Mais ce peuple reste amoureux des couleurs et de la forme, des lignes et des teintes, à ce point que les plus vulgaires objets, les cruches et les poteries ménagères des paysans, sont nuancées de couleurs merveilleuses. Les meubles sont sculptés et souvent rehaussés d'or. Aux voûtes et aux piliers des églises, des peintures parfois criardes parlent aux imaginations somptueuses des simples.

Et, pourtant, tout cela acquiert en ce pays magique un aspect de grandeur cent fois préférable, à mon avis, à celui si frivole et si léger de la cité napolitaine.

Le samedi, c'est par les rues et sur les places, la cohue des charrettes, des hommes et des femmes parés des vêtements de fête.

Les plis bariolés des fichus en soie ou de laine, les riches passementeries des corsages, les débauches de rubans aux chemisettes, signalent les belles filles de la campagne palermitaine : aux dimensions de leurs bérets, se reconnaissent les élégants et les riches gars des fermes du littoral ; d'autres portent des culottes de velours, des capes ou des sombreros gansés de rubans de toutes les couleurs.

C'est jour de marché. Les charrettes s'entassent aux côtés des places et des rues, traînées par des mulets aux cous desquels sonnent des multitudes de grelots ou de clochettes.

Des pompons, des cocardes, des flocs rouges, verts et jaunes ornent les harnais ;

sur la selle, un minaret ou une tour carrée, tout brillants de cuivre, scintillent de paillettes métalliques incrustées ; sur le front de l'animal, une immense plume rouge se balance, secouée selon l'allure de l'animal.

Tout cela tapage gaiement parmi le grouillement des pimpantes jeunes femmes et des marchands forains, venus de tous les villages voisins, disposant à même le sol ou sur des tréteaux, leurs éventaires de toutes sortes.

Les charrettes sont entièrement peintes et sculptées. C'est l'histoire de l'île et de ses conquérants successifs que les Siciliens peignent en tableaux naïfs sur les véhicules : ce sont les légendes du poême de l'Aristote et des preux Siciliens.

De toutes les boutiques en plein vent, nulle n'est plus pittoresque que la « friterie », — pour le moins aussi fréquentée que nos friteries parisiennes.

La boutique à friture est toujours étabie

sous de larges auvents adossés à des piliers. Les murs, incrustés de carreaux émaillés et vernis, les cuivres partout étincelants, brillent d'une propreté méticuleuse. Neuf hommes sont nécessaires à la friterie : cinq cuisiniers, tournant sans cesse, remuant, accommodant les fritures, deux aides épluchant et coupant les légumes, tandis que deux vendeurs débitent les produits de l'échoppe dans des infinités de cornets de papier. Vingt lampes grecques à l'intérieur font flamber tout cet appareil de bombance populaire.

De la « *Via Panuveri* » à la « *Piazza Cariaccioli* » fourmillent les acheteurs et les curieux, entre les étalages de fruits exotiques, d'oranges et de citrons, de légumes de toutes sortes...

Palerme est coupée en quatre quartiers nettement délimités par deux larges et longues rues, coupées à angles droits. Ces voies se prolongent, dallées de larges pierres que bordent des constructions massives, souvent d'une imposante majesté, jusqu'aux extrémités de la ville et même fort loin dans la campagne semée de fermes perdues au milieu des bosquets de verdures et de fleurs.

La ville entière semble une cité d'abondance et de solide bien-être, l'œuvre d'une race robuste, sous un climat délicieux et embaumé, une luxuriante cité où l'on respire à pleins poumons et où l'on ne connaît point l'influenza et les fluxions de poitrine, ni toutes ces vilaines maladies de nos pays du nord.

Palerme, grâce à la beauté de sa plage et de ses villas enchantées, de ses promenades fleuries en face de la mer bleue, et de ses monuments, apparaît luxueuse et artiste.

A l'intersection des quatre grandes rues, des façades se dressent, monumentales, auxquelles sont accolées de merveilleuses fontaines.

Les habitations sont pour la plupart des

constructions espagnoles ; au rebours, les plus beaux des monuments datent de l'époque où l'île appartenait aux Normands.

C'est d'abord le Palais-Royal ancien, bâti par les conquérants du Nord, d'où ne reste debout que la *Torre Pisana* — une salle richement ornée du parterre aux voûtes de précieuses mosaïques. La *Chapelle Palatine* construite en 1132 par le roi Roger II et dédiée à Saint-Pierre, s'est conservée intacte : son style est du plus pur gothique normand. C'est le plus pur des monuments de l'art Arabo-Sicilien. Nulle part, à Palerme, l'ogive et les couleurs, les mosaïques et les rosaces ne se combinent d'aussi heureuse façon. Dans les frises qui courent tout autour du monument, on découvre des détails délicieux, dus à de délicates imaginations d'artistes. Le bas des murs, presque complètement blanc, fait ressortir vigoureusement la puissance de coloration des majestueuses peintures du dessus. C'est là, d'ailleurs, la marque caractéristique des églises de Palerme — ce mélange et cette opposition des blancs et des couleurs, des marbres et des mosaïques.

Puis ensuite l'*Eglise de la Catena*, dont le nom vient de l'emplacement où elle fut construite au XVe siècle, (on y attachait la chaîne de fermeture de l'ancien port). La *Porta Felice* que le touriste aperçoit dès son entrée à Palerme, du côté du quai de la *Marina*, montre une colonnade de toute magnificence. *San Cataldo*, témoignage de reconnaissance du fameux amiral *Majone;* la *Martorama*, fondée par l'amiral grec Giorgio Antiochenos ; l'Eglise et le Monastère de *San-Spirito*, sur la rive gauche de l'Oreto, parmi la mélancolie des cyprès d'un antique cimetière; c'est de là qu'éclatèrent en 1282, les terribles Vêpres Siciliennes. La Cathédrale, l'*Assunta* — reconstruite de 1169 à 1185 par l'Archevêque Walther of the Mill, (Gualterio Offamilio) mais que les architectes ont malheureusement défigurée par une disgracieuse coupole.

Et partout, ces monuments merveilleux s'érigent, laissant au voyageur l'impression grandiose du formidable passé.

Partout, l'empreinte d'une religion exaltée et d'une noble fierté trahissent le caractère grave et tragique des Siciliens, attestent leur orgueil.

Dans les ruelles tortueuses et sombres des quartiers pauvres, pareilles aux rues de quelque ville lointaine d'Orient, il est donné d'assister à une scène bien typique. Un sicilien qui vient d'acheter un billet à la loterie officielle, établie là-bas en permanence, s'arrête devant la niche de quelque madone, met un sou dans le tronc placé au pied de la statue, et se signe avec le billet qu'il vient ainsi de recommander à la Vierge par une aumône.

Cela peint bien un des côtés étranges du caractère Sicilien...

Mais, ce qui, je crois, m'a laissé de tout cela une impression de terreur, en même temps que de solennelle grandeur, c'est ma visite au couvent des Capucins de Campo-Santo, sur la route de Monreale où je venais de visiter une admirable église du plus pur style gothique, entièrement construite au XIIe siècle.

Aujourd'hui même, lorsque cette visite me revient à la mémoire, je ne puis m'empêcher de frissonner.

C'est là, en ce couvent de Campo-Santo, que sur leur demande et en échange d'une légère rétribution annuelle, les Siciliens de Palerme et des environs, il y a une vingtaine d'années à peine, inhumaient encore les cadavres de leurs proches. La terre sur laquelle est bâti ce couvent, possède la propriété d'activer la décomposition des corps, si bien qu'au bout d'un an, il ne reste plus sur l'ossature que la peau ridée et durcie comme un parchemin. On enfermait les bières dans de petits caveaux où s'opérait la décomposition, et, au bout d'un an, on ouvrait le cercueil d'où on retirait le cadavre desséché, pour l'accrocher à côté de ses aînés dans les galeries où sa famille venait le visiter de temps en temps. En dehors des laïques, tous les moines défunts du couvent étaient inhumés de cette façon. Les Palermitains ont pour ce Campo-Santo la piété des bonnes gens de France pour leurs cimetières : à la Toussaint, au jour des Morts, tous se pressent en foule pour visiter les Catacombes ; les Siciliens ont gardé du caractère espagnol, le goût des spectacles terrifiants et des émotions violentes.

J'ai visité ces catacombes à la nuit tombante, en compagnie d'un anglais rencontré à l'hôtel.

Cela est vraiment terrible et effroyable, et je crois que si jamais le hasard des voyages me ramène sur la terre Sicilienne, je ne recommencerai une pareille excursion.

Le religieux à barbe blanche qui nous accompagnait nous fit passer par une porte basse, donnant sur un escalier d'une soixantaine de marches qui s'enfonce dans les fondations du couvent. Il ouvrit une grille et nous pénétrâmes dans un large couloir sombre où les formes prennent des aspects fantastiques. Sur toute la hauteur des murailles, et en largeur depuis les dalles du sol jusqu'aux voûtes, des corps desséchés, des squelettes auxquels adhèrent une peau brunie, parcheminée ; d'autres dont les os ont percé sous l'enveloppe de chair morte, pendent, attachés par le col, tapissent les murs de centaines et de centaines de cadavres. Quelques-uns sont vêtus richement, d'autres — la plupart, sont couverts d'une robe noire qu'une corde serre à la taille, de façon que l'étoffe se plaque aux os des torses décharnés, dessine les maigreurs des horribles squelettes. L'étoffe découvre seulement les crânes aux yeux désorbités, les mains séchées, les pieds dont les phalanges se détachent. Sur chaque poitrine, une pancarte porte un nom et la date du décès. Les corps se succèdent, en longues files, les cadavres contorsionnés, avec leur mâchoire pendante, parfois décrochée d'un côté. La moindre brise, un courant d'air fait claquer des files de mains, accroissant encore en ce repoussant asile l'horreur du spectacle. Leurs attitudes sont de pendus suppliciés, et dans l'ombre du souterrain, cela devient une terrible obsession. Devant eux, de longues rangées de cercueils où reposent d'autres cadavres que l'on aperçoit à travers les carreaux placés à dessein sur le couvercle.

D'autres galeries s'ouvrent à droite et à gauche. Là, ce sont les femmes, les jeunes filles, affreusement contorsionnées ;plus loin, en un corridor plein de petits cercueils en verre, les enfants, les petits enfants dont les os trop fragiles n'ont pu résister à la décomposition trop active ; ailleurs le quartier des prêtres et des moines ; un rosaire leur ceint la taille ; les supérieurs, portant leurs croix fichées dans l'entre-deux des étoffes, sur la poitrine, sont tout ratatinés, rapetissés, informes, noircis par les ans ; les langues desséchées entre les lèvres béantes, pendent recroquevillées comme du vieux parchemin, pareilles à un morceau racorni de vieux cuir ; les évêques ricanent sous la mître. Certaines robes rongées par les insectes découvrent des tibias et des rotules, laissent voir les cages thoraciques où la peau est mangée. Des squelettes semblent d'ivoire : à d'autres pendent des lambeaux de peau rousse. Des dates récentes indiquent les dernières inhumations : 1881-1882. Et l'on songe aux visiteurs d'il y a quelques années qui, peut-être, croisèrent ces religieux dans le cloître où, paisibles promeneurs, ils allaient priant à travers les jardins du couvent.

Le moine nous désigne un corps sur lequel on peut lire : Dom Fabiano Calsedo, 1680. « La terre de Sicile, conserve », nous dit-il de sa voix chevrotante. Et, content de l'aumône que nous lui avons faite, il nous narre une terrible histoire.

— « Autrefois, nous dit-il, la coutume était d'enfermer les carmes coupables d'une lourde faute dans les catacombes. Un jeune novice qu'un supérieur avait surpris, un soir d'été, câlinant une fillette de la tenance du couvent fut enfermé ainsi. Il avait eu beau prier, embrasser les genoux de l'abbé, deux convers le mirent, dès la tombée du jour, au caveau sinistre.

Le lendemain, quand sonnèrent matines, des cris abominables, des rugissements venant de sous terre frappèrent les oreilles des moines. On accourut aux Catacombes. Nu, les vêtements en lambeaux, le corps sanglant et déchiré, le novice brisait des cadavres. Dans l'affolante solitude du charnier, l'adolescent était devenu fou. Jamais, depuis ce temps, le Conseil de l'Ordre ne reprit cet atroce châtiment de la veillée parmi les morts...! »

Cette terrible histoire ajoutait encore aux terreurs que nous avait inspirées cette sinistre visite... Le froid aux os, plein de dégoût, nous sortîmes de ce lieu d'effroi, jurant bien qu'on ne nous y reverrait plus.

Pour moi, ces images de la Mort se sont mêlées pendant des nuits et des nuits aux songes voluptueux qu'inspire la beauté de ces régions merveilleuses.

III

## III

La Sicile a généralement une mauvaise réputation bien imméritée. Les conteurs et les romanciers ont tant parlé des brigands siciliens qu'on a fini par y croire. Et pourtant, ces brigands ne sont plus aujourd'hui que de légendaires personnages depuis longtemps disparu. Les routes sont aussi praticables et aussi sûres que nos plus belles routes de France, et il faut n'avoir jamais voyagé pour ajouter foi aux faux bruits que des touristes mal renseignés font courir sur ce merveilleux pays.

Et il serait à souhaiter que les bandits de certaines rues de Paris ou de Londres, durant les heures nocturnes, ne fussent pas plus à redouter que ceux des grands chemins de l'île Sicilienne. Et les crimes qui là, comme partout ailleurs sont commis, sont les faits de malfaiteurs isolés et non de bandes organisées, comme on se plaît à le croire communément.

Le trajet en railway de Palerme à Girgenti se fait en quelques heures — cinq à six suivant les trains.

La voie traverse d'abord une plaine fertile au bord de la mer, puis s'engage enfin dans les terres à travers une région tour à tour fertile et aride. Aux approches de Girgenti, la région devient jaune, aride et désolée. Le sirocco souffle terriblement. Il fait clair et l'on aperçoit par les trouées sur la mer, au loin, les côtes tunisiennes qui s'estompent. L'Afrique, par-dessus la mer, nous envoie des bouffées de sa brûlante haleine à qui la Sicile doit sa flore exubérante et parfumée.

Au-dessus d'une plage, le long de la mer, un plateau calcaire d'environ 40 mètres d'élévation court parallèlement au rivage; un second d'une altitude triple s'enfonce au loin dans l'intérieur de l'île. L'antique Agrigente était construite sur la seconde marche de cet escalier de géant : Girgenti l'italienne est perchée comme un nid d'oiseau de proie tout en haut du dernier gradin.

C'est une petite ville riante dont les vingt mille habitants vivent auprès de la mer. Les boutiques et les ateliers dégorgent sur les trottoirs, où les ouvriers de tous métiers s'évertuent. Une grande voie coupe Girgenti à mi-côte de sa hauteur, en large : de nombreuses ruelles très gaies, au bas des pentes raides, dévalent en capricieuses lames torses d'un éventail pittoresque vers la mer, tandis que d'autres montent en zigzags jusqu'en haut de la côte.

Les enfants jouent, piaillent, pêle-mêle avec les poules effarouchées, les animaux domestiques, les chats, les chiens, voire nombre de chèvres et de moutons. L'aspect des gens décèle une pauvreté sereine, sans trop de misère, plutôt la médiocrité campagnarde des gens du midi.

Puis, soudain, si l'on descend jusqu'au plateau central, se dressent dans le soleil ardent, les colonnades et les restes des temples de l'ancienne cité hellénique qui domine la nouvelle ville.

Je visitai les ruines dès le matin. C'est d'ailleurs à l'aube qu'il faut voir se dorer les frontons doriens des grands temples restés debout.

Toute la mythologie grecque s'évoque en cette pieuse cité : Junon, Jupiter, Hercule, Vénus, Vulcain, Apollon et Adonis avaient chacun leur temple et leur autel, d'autres encore — tous les dieux de l'Hellas étaient vénérés dans ce décor magnifique de roches, de verdures, de ciel et d'eau.

L'imagination évoque l'harmonie des groupes olympiens, des dieux et des déesses sous les arches des voûtes, beaux, jeunes et nus, avec des corps d'adolescents, de vierges et de divines courtisanes en des attitudes harmonieuses. Aujourd'hui les temples sont noyés par une folle poussée d'arbustes épineux, de palmiers, d'aloès, de myrthes, de tamaris et de cactus — toute une végétation inculte et luxuriante qu'animent les crisselis des cigales qui font des millions de taches luisantes sur les troncs d'arbres, les chants des oiselets ramageurs et les fuites peureuses de petits lézards verts, teintés de lueurs métalliques qui se glissent entre les herbes, de serpents minces et brillants comme de subits éclairs, — des serpents tout petits que la vue de l'homme met en fuite et avec lesquels jouent les écoliers de la ville, après les avoirs capturés.

Et les temples se dressent, s'érigent, dans la nature luxuriante.

C'est le temple de Junon Lacinienne qui renferma, dit-on, le fameux tableau peint par Zeuxis ; puis les restes du temple d'Hercule, et enfin le gigantesque temple de Jupiter, construit au Ve siècle et contenant trente-huit demi colonnes de six mètres cinquante de circonférence. Un homme peut aisément se tenir debout dans chaque canelure de ces fûts gigantesques. On croit voir défiler devant soi l'antiquité tout entière ; dans la merveilleuse harmonie des frontons et des colonnades, on évoque le défilé des vierges de jadis, des adolescents grecs aux manteaux nuancés, agrafés d'émaux et de pierreries par dessus les tuniques blanches, qui se rendaient aux temples, en les solennels jours de fête.

Et en contemplant ces merveilleuses ruines, on a peine à s'imaginer qu'à quelques kilomètres seulement commence cette contrée surprenante et désolée qui semble le vrai royaume de Satan. Qui se douterait devant la majesté détruite d'Agrigente, de la désolation et de la stérilité des pays que masquent les trois gradins, au bord de la grève blanche et bleue..?

Les conteurs populaires qui ont décrit le royaume de Satan ont dû traverser ces plaines de la Sicile Volcanique, cette capricieuse qui a des nausées de feu et de soufre. Plus on pénètre dans les régions montagneuses, plus les paysages deviennent tristes, avec des arbres rares et rachitiques dans des plaines pierreuses, blanches et jaunes à perte de vue. Des fumées de soufre empuantissent l'atmosphère, des collines à l'horizon fument comme d'énormes cheminées. Des petits monticules de cendres se hérissent, d'où découle de la boue chaude, sans cesse en ébullition. Le pays est rocheux et aride. Et malgré tout, cette désolation a quelque chose de grandiose avec un superbe caractère de solitude et de pauvreté.

Enfin, de place en place, d'affreuses constructions se hérissent, presque à ras de terre ; ce sont les mines de soufre ; on en compte, paraît-il, plus de mille en cet endroit.

J'eus l'idée d'en visiter une. On descend par un étroit petit escalier creusé dans le soufre, aux marches raboteuses et inégales.

Des galeries s'étagent les unes au-dessus des autres, communiquant entres elles par de larges trous qui permettent d'aérer les plus profondes. On étouffe, on suffoque, asphyxié par les émanations sulfureuses et par l'horrible chaleur de ce royaume de Satan. La gorge en feu, je jette à la hâte de rapides regards à droite et à gauche, distinguant dans l'ombre des formes vagues d'hommes et d'enfants qui halètent et râlent, accablés sous la charge de corbeilles pleines. A bout de forces, je remonte, heureux de respirer enfin le grand air libre. Mais je m'aperçois avec étonnement que je suis tout jaune d'une poussière impalpable.

J'en avais assez vu et revenais à Girgenti que je quittais dès le lendemain pour prendre le chemin de Catane.

D'Agrigente à Catane, on traverse l'île dans sa presque totale longueur. Pour comble, j'ignorais qu'ici l'on ne mange en voyage qu'à la condition *sine quâ non* de se munir de provisions avant le départ; pas de buffet dans aucune gare, nul moyen de se ravitailler ; je pensais mourir de faim, si un campagnard muni d'œufs durs n'eût consenti à comprendre mon italien de dictionnaire et à me vendre de sa marchandise : par exemple, le pain et le sel continuaient à manquer. Sans le bon hasard, si on ne prend pas ses précautions avant chaque trajet, on pourrait bien défaillir sans nul secours.

Le pays qu'on traverse a des intermittences de beau et de laid ; on longe, de temps en temps, de vastes plaines arides et fumantes, un pays noir, bizarre, crevassé, tordu au hasard des éruptions.

Des heures et des heures, ces paysages défilent, monotones ou bouleversés. Enfin, Catane parait, verte et proprette.

Elle est bâtie en lave sortie de l'Etna dont la monstrueuse croupe bossuée se dresse, ondule effroyablement, et dont j'aperçois la cîme de la fenêtre de l'hôtel où je suis descendu. La fumée du cratère énorme, fait de gros nuages noirs, contraste bizarrement avec les blancheurs des neiges éternelles du sommet, où l'entonnoir ouvre, comme une gueule, des mâchoires béantes, à croquer des villes entières.

L'ascension est trop pénible et trop périlleuse pour que je la risque. Mon hôte dodeline de la tête quand je lui demande un guide qui consentirait à me conduire.

— « Je n'en connais guère, dit-il, même pour votre illustrissime seigneurie. Il faudrait vous adressser au club-alpin.

Et pourtant, je voulais voir de près ce monstre énorme, si différent de ce farceur de Vésuve qui, toujours dans les nuages, semble honteux auprès de son formidable voisin l'Etna. Mais mon hôte, par son attitude, m'avait effrayé. Je ne gravissai donc pas les flancs abrupts de la palpitante chimère volcanique. J'allai seulement jusqu'au Val del Bove, à quelques kilomètres de Catane. Là, m'assurait un paysan qui s'offrait à m'accompagner, je verrais couler la lave; je contemplerais la cuve bouillonnante, vassale de l'Etna accroupi sur la Sicile comme un fauve énorme sur sa proie.

Le Val del Bove est l'ancien cratère, détruit à mesure que de successives éruptions crevaient la croûte gonflée de l'île. C'est un goufre de cinq kilomètres où l'on pénètre uniquement par une gorge étroite. Toute cette dépression est pleine de laves enfermées, convulsées, des laves récentes, noires « comme les âmes des damnés » — dit mon guide Reggello, un gars mince, assez jeune, agile et que, pourtant, mon audace étonne quand il me voit escalader sans repos les pentes rèches. Quatre petits cratères nouveaux dressent des cônes d'un rouge rosé au centre du val, au milieu des convulsions épouvantables de cette mer de lave figée. Le paysage est digne de Dante : nul esprit, nulle imagination en mal de cauchemar et de fantastique n'inventerait ces cataclysmes, ces formes d'animaux noyés dans la pierre lisse, ces grands corps vagues de formes humaines, parfois de nains difformes ou de géants effroyables, ciselés — dirait-on — dans le flot noir et dur. Je compris l'étrange aspect de Catane, en constatant au retour que la ville est bâtie sur une coulée de lave, d'où les maisons sont nées. Catane empiète sur le volcan, insoucieuse de la fragilité de son sol : des femmes y chantent, des hommes y travaillent : on aime là autant et plus qu'ailleurs, sous le beau soleil, sans songer au cataclysme qui, peut-être, demain, fera de la rieuse ville, de la Catane gaie, où tous chantent avec de belles voix sonores de méridionaux — une cité morte en quelques heures...

Une nuit, peut-être, Catane disparaîtra dans un flot de bitume liquide...

IV

## IV

A Syracuse, c'est encore et toujours comme à Palerme et à Girgenti, l'éternel printemps.

J'ai visité les deux villes, l'ancienne et la nouvelle Syracuse. L'une et l'autre gardent le charme de leur voisine, l'Afrique. La ville nouvelle est mauresque autant qu'espagnole, avec ses balcons ventrus aux fleurs forgées, où de l'or ancien demeure dans les creux. Les femmes sortent peu ; les jeunes filles très sévèrement chaperonnées portent des voilettes sous lesquelles brasillent des yeux de jais. Les époux de Syracuse sont tous d'une jalousie arabe qui menace l'audacieux, au moindre regard admirateur.

Mules et chevaux ont des selles, des harnais pailletés.

Un temple antique de Vénus est dédié aujourd'hui à la Vierge. Les jésuites ont masqué son ancienne beauté d'une horrible façade de leur style. Que ne les pendit-on avant ce meurtre ? Enfin, il reste de l'ancienne Syracuse, la splendide Vénus universellement célèbre. Un sicilien, Landolina, trouva sous terre ce marbre grec, l'an 1804. Je ne vis jamais d'aussi parfaite statue : c'est tout le poème du corps de la femme et la glorification de la sensuelle maturité. La Vénus syracusaine n'a rien des vierges émaciées ni des déesses vicieuses ; c'est la belle rose-femme épanouie, la Vénus réaliste en la suprême splendeur de la féminité fleurie, aux larges hanches, dans la plénitude de sa forme la plus parfaite : la femme forte et pourtant gracieuse. C'est la Vénus charnelle, vers qui tous les désirs s'élancent, c'est toute la femme et toute la beauté !

Voici plus de 2000 ans qu'un sculpteur inconnu modela ce pur, cet idéal chef-d'œuvre.

Elle vit. Ses seins tressaillent, érigés sur des caresses.

Elle vibre sous les regards de celui qui la contemple; tout le corps de pierre palpite de vérité, tant les lignes sont l'expression vraie du plus complet et du mieux harmonisé des désirs des hommes.

Mais le lendemain me réservait une nouvelle émotion et le plus beau des spectacles qu'il m'ait été donné de vivre sur la terre Sicilienne. Je suis à Taormina, — un village juché tout en haut d'un mont abrupt, à l'heure où le jour agonise. Or, au sommet du parvis d'un théâtre grec, je contemplai les plus merveilleux des sites. Car ce n'est pas grand chose, Taormina : un paysage, rien que cela, mais d'une telle beauté..!

Et puis ce théâtre est presque entièrement debout, laisse voir les gradins, les galeries et les tribunes, où 35.000 spectateurs trouvaient place. Et l'on s'imagine encore les foules des Grecs dans la grandiose simplicité des amphithéâtres et des tribunes de pierre.

Quels artistes étaient donc ces Grecs qui,

malgré les soucis des affaires publiques, les passions, le lucre, la lutte pour la vie, gardaient le souci hautain d'élever les âmes des foules, de les hausser par l'amour des beaux gestes, par la splendeur des œuvres édifiées, chantées, écrites, par les monuments et les spectacles.

Après le crépuscule j'ai voulu voir un lever du soleil sur ces magnificences ; je crois qu'à chaque pélérinage, ce semblerait plus beau encore... Pourtant des Anglais regardent, des guides à la main, d'un air flegmatique et ennuyé...

Messine enfin, — la dernière station de mon voyage — m'apparaît au milieu des bouquets et des gais jardins, des villes et des châteaux de sa banlieue. Elle se penche au bord de la mer, en face des grises montagnes de Calabre, dont la ligne festonne le ciel à l'horizon, de l'autre côté du détroit. Parmi les antiquités notables, la Cathédrale, monument sans autre intérêt que ce conte de Catéchiste : on conserve dans une armoire une lettre que la vierge envoya — dit-on — en l'an 43 de l'ère du Christ, à la ville de Messine ;—Saint-Paul apôtre, eut été le messager.

Je passe le détroit en steam-boat. Reggio paraît du large à l'extrême pointe de l'Italie du Sud. Cette petite ville est charmante avec ses maisons blanches bleues ou rouges, qui font, autour de la ville, voleter des essaims de papillons multicolores.

Déjà, le caractère des habitants et des maisons, l'aspect des rues, contraste avec ceux du reste de la Sicile ; c'est l'Italie du Sud où l'accent s'exagère, saccadé, presque rauque, où vous harcèlent les « facchini » — camelots de la Péninsule.

Le railway m'emporte à travers les Calabres décimées par la Malaria qui met aux figures rencontrées des masques amaigris, jaunes, ridés précocement et des pâleurs malsaines aux joues des femmes, des enfants guenilleux, misérables, rachitiques.

Et de nouveau, me voici au bord de

l'anse bleue... Vedere Napoli ! Des accordéons braillent sur une piazzetta qu'il me faut traverser.

Des affiches — à l'instar de Paris m'apprennent la présence d'Otero dans les murs napolitains... Mais j'en ai assez vu... Paris m'appelle... Je peux mourir ; j'aime mieux prendre le train de Rome...

Néanmoins, le souvenir des beautés traversées me restera gravé longtemps en la mémoire, et puisse ce souvenir, au cours futur des jours mornes et gris, venir me réchauffer de son bon rayon consolateur...



FIN

ACHEVÉ D'IMPRIMER

LE QUATORZE AVRIL, MIL NEUF CENT

A L'IMPRIMERIE DE L'ANTHOLOGIE

PAR H. FALCOU, IMPRIMEUR

41, GALERIE VIVIENNE

PARIS

# ERRATA

*Page 16, ligne 16 :*
*au lieu de :* poème de l'Aristote, *lire* : poème de l'Arioste.

*Page 16, ligne 22 :*
*au lieu de* étabiel, *lire :* établie.

www.ingramcontent.com/pod-product-compliance
Ingram Content Group UK Ltd.
Pitfield, Milton Keynes, MK11 3LW, UK
UKHW021133230726
13926UKWH00002B/771